JN411616

쪽빛산 홍매화

화암 이진희 시집

쫓비산 홍매화

도서출판 Book Manager

■祝筆 _ 雅石 蘇秉順

- 전북 익산 중 · 고교 졸
- 전북미술대전 초대작가
- 대한민국미술대전(국전) 초대작가(1983~)
- 한 · 중 · 일 중견작가 교류전(1988~)
- 익산문화장 수상(1990)
- 대한민국 서예대전(국전) 심사위원 역임(1993, 1997)
- 대한민국 서예대전(국전) 운영위원 역임(2008)
- 인천시전, 부산서도민전 등 다수 심사위원 역임
- 세계서예전북비엔날레 조직위원 겸 감사 역임(2000~2007)
- 한국미술협회 전부지회 부지회장 역임(2000~2004)
- 1984 익산, 1989 전주, 서울 개인전

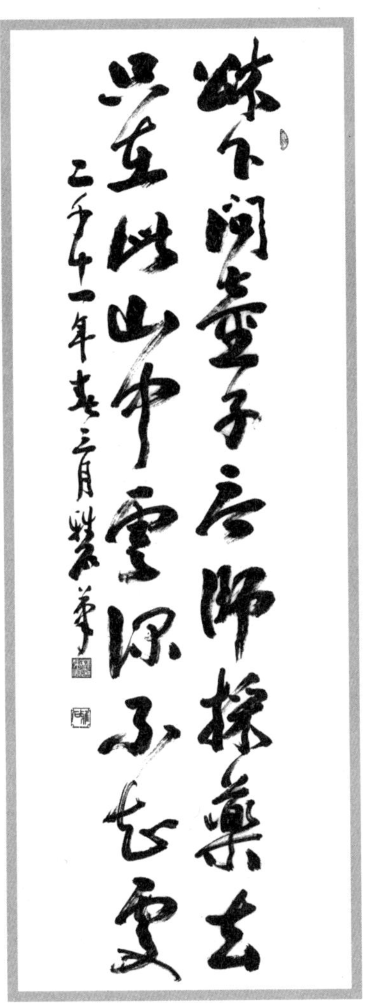

松下問童子 言師採藥去
只在此山中 雲深不知處

소나무 아래서 동자께 물으니 말하기를 스승님은 약을 캐러 가셨다네
다만 이 산중에 계시겠지만 구름이 깊어 계시는 곳을 알 수 없다네

自序

내 다락방엔 사다리가 없다
삼라만상이 잠든 시각 고요히 벽을 타고 내려와
물 한 모금 마시고 올라 와 낮게 웅크려야 한다

가끔 고향 풀꽃이 날아와 소식을 전해오고
가장 밝은 별 하나 내 작은 창을 밝혀주고는 했다

세상 속에 우뚝, 아무도 바라보이지 않게
솟아있는 내 다락방-
세상 것들의 존재의 늪에서 빠져나와
늘 축축하게 젖어있는 또 하나의 나를 관망하는 일은
나에게 참으로 슬프고도 아름다운 시간이었다

詩쓰는 일이 목숨인냥
치열하게
온유하게
깊게
천지사방 흩날리는 철없는 향기로 살고 싶다

단 한번 사랑하고도 영원을 살 수 있을 것처럼
돌보아주지 않아도 꽃을 피우고 씨앗을 날리는 민들레처럼
내가 죽고 없어도 숨 쉬는 詩의 홀씨로 살아남아

2012년 12월 花嵒 이 진 희

*축필 주시고 재촉하여 주신 존경하는 雅石 소병순 선생님,
표지를 그려주신 운경 황호철 선생님,
진심으로 감사합니다

차례

제 2 부 _ 쫓비산 홍매화

제 3 부 _ 상실의 미학

제 4 부 _ 기분 좋은 날

제 5 부 _ 황혼 즈음에 이런 사랑 하고 싶다

제 1 부

설레임

음유시인

하늘과 강산을 벗하다가
스쳐 지난 옷깃의 향기를 들여
달빛 어린 초막에 여장을 풀면
땅거미는 나른하게 토담 업혀 나가고

밤바람 별들과 둘러앉아
세속 사계의 구도를 수기처럼 수런거리면
사슬잠에 소스라칠 일도 없이
무심천은 낙엽 같은 육신을 싣고 흐른다

그리움도 망각도 묵묵히
버리고 비우는 일 반복하면서
아, 그렇게 한세상 흘러가리니,
내 침묵의 길에 새 태양은 비추리니,

설레임

눈멀어도 보고 싶은
가슴에 꼬옥 숨겨둔 그거
하늘에서 하얀 꽃
소박이 나리실제,
작은 소망 송이마다 담아
차가움도 불꽃으로 지피고
뉘에게 들킬 새라
숨어 속삭이고픈
부푼 꽃잎 같은
아아,
참말 속살스러움

설토화

숭얼숭얼 탐스럽게도 피었네
세상을 온통 새하얗게 물들이려는 듯

숭얼숭얼 탐스러운 꽃송이
흠흠 코를 가져다 대니

숭얼숭얼 제법 향기를 건넨다
덧없는 인생사 그러려니 하라며

* 설토화 꽃말 : 덧없는 인생

깡통이야기

내 차에는 빈 커피 캔이 도라 다닌다
코너를 돌때면 가끔 노래를 한다
언제나 동반자처럼 나와 함께 하는 소리
그 소리 들으면 웃음이 난다

가슴눈 언저리 촉촉이 젖을 이유
단 한 번 꿈길마저 기억하는데
캔 커피 기억나느냐 묻는다

뒷좌석바닥 지들끼리 부딪힌 빈 캔들
달그랑달그랑 소리도 어여뻤는데
전통차 한 잔 밤늦도록 이야기꽃잔치

세상에 살아 있다는 것 신나고 좋았는데
십년도 하루 같이 생생한데 백발도 어여삐
'이거 기억나?' 한다

빛깔과 향기 없어도 나에게로 와서 꽃이 된
그 이름이 ……………… 슬프게도
'내 이름이 무어냐?' 한다

황혼연정

참 더디지요
오래전 이 길가에는 벼 익는 냄새도 났고,
모퉁이 돌아서면 찻집도, 극장도 있었지요
걸어간 세월만큼 돌아와도 아직은 좋을 시간

사람의 이마에 얹어 놓은 겸손이나 지혜나
순수의 생명체로 맥박이 빨라져서
일순간 멈추어버린 시간 앞에 첫사랑처럼
해맑게 웃으며 두 손 맞잡을 그렇고 그런

마르지 않을 샘처럼 흘러 마중물로 만나면
백발이 성성한 가을 어느 때 두 어깨 기대어
나긋나긋 속삭이며 남은 심장의 열기로
십년쯤 죽었다가 이십년쯤 또 죽어도
참 좋겠습니다

상처가 깊은 사람은

상처가 깊은 사람은 사랑을 못한 답니다
누군가에게 상처를 줄까봐 두려워서 못하고
누군가에게 상처를 받을까 두려워서 못한답니다

생의 기나긴 강을 건너기 위해서
가까이도 멀리도 아닌,
그 거리에서 긴- 그리움으로 바라볼 뿐,

더 가까이 가면 깨어져 그리움마저 사라질까 망서리고
너무 멀리 있으면 잊혀져 희미해질까 가슴 졸이며
더는 갈 수 없음을 애석해합니다

떠나보내는 아픔을 겪은 사람은
남은자의 각고의 시련을 견뎌 본 사람은
생명과 죽음인 내 살 같은 사랑 다시는 못한답니다

나그네

돌아 갈 수 없는 길목에서는
다들 빗장을 푼다
젖을 대로 젖은 도포자락
풀어 젖히며,
옹이진 가슴들 열어젖힌다

뉘라서,
뉘라서 흔들리지 않는,
젖지 않는 삶 살았으랴

다만 흔들림에 익숙한 몸으로
사철 젖어 사는 숙명으로
끈끈한 동질감으로
그리 걸어오지 않았던가

이제 천둥도 잦아드는
여기 어디쯤 자리를 펴고
우리 마주 앉아
회한의 일편을 열어,
가슴 떨리는 귀추에 대해
숨죽여 논의하세나

春心

꽃비에 젖어
신열을 앓는 계절

대지의 움트임에
심장이 데일듯 벙글고
멀지않은 곳에서
쿵 쿵
앞산, 뒷산 넘어서는
개나리 진달래 철쭉
불 지피는 소리

님을 품어 안으려
기다리는 여심

첫눈

하얀 눈이
소복소복
이것 봐
참,
착하게도 나리신다

탐스럽게 천천히
하늘하늘 내려
사뿐사뿐
살포시
어깨 위 앉으시네

나풀나풀 어여삐
나비처럼 춤을 추며
뽀드득뽀드득
소리도 정겹게
살아가라고

당신이었으면 좋겠습니다

이른 아침 첫 꽃망울 터뜨린 꽃처럼
날마다 새롭게 바라볼 수 있는 님,
당신이었으면 좋겠습니다

'일어나세요' 솔내음 풍기며
가벼운 입맞춤으로 단 잠을 깨워주는 이,
당신이었으면 좋겠습니다

오늘은 동남향 난향 짙은 산으로 가고
내일은 싸리꽃 흐드러진 논둑길 달려가고
푸른 파도가 남실대는 바다도 가면 좋겠습니다

날마다 물안개처럼 뽀얗게 일렁이며
연분홍 사랑에 설레이는 님
당신이었으면 참 좋겠습니다

산나물 따다가 밥상에 올리고
맛도 빛깔도 청아한 찔레꽃술 한 잔에
해지는 줄 모르고 살았으면 좋겠습니다

마주치는 눈빛 하나로 짜릿한 전율
맑은 뜨거움 하나로 칡넝쿨처럼 얽혀
살을 이 당신이었으면 참 좋겠습니다

매화

지난 해 겨울
혹한으로 시들하던
매화나무 가지에 물이 올랐다

한잔 술이 생각나
복분자즙 한잔에
얼음과 물을 타 흥을 내었다

아련한 추억 속 떨어진 별들이
취기보다 먼저 어울려
한바탕 사위는 춤

아기별 하나 깃을 쳐
초롱초롱
매화꽃으로 피겠다

방황

폭풍을 몰고 질주하는 검은 구름은
무수한 번뇌를 품고 서쪽도시를 향한다
목숨 줄에 걸린 애증이 아스팔트길을 핥고

광야에서 외치는 고독한 영혼의 소리를
메타세콰이아 정돈된 가로수 가지마다
서럽지 않도록 노란 리본으로 묶었다

박제된 자유는 앉은뱅이 작은 새 같은 것
침수된 욕망과 영겁의 피안은 같은 무게
미완의 꿈이 몽매간 눈물 꽃으로 피었다

니체도 짜라투스트라도 수없이 이 길을 오갔을터
숨을 쉬기 위해 두 눈을 부릅 뜨고 달린다
좌절의 검은 언어들 때문에 오늘도 묵비권

보름달

침대에서 소파, 소파에서 거실바닥
내 잠자리의 변천사
거실바닥에 이부자리 깔고 누웠는데
방이 훤하다

어? 불을 안껐나?
찰칵! 스위치를 껐는데 아직도 환하다

아하, 하늘 등이네
오늘은 하느님도 할 일이 많으신가보다

비의 예찬

가을비 오시는 날
하늬자작 손짓하는 솔숲에 가보라
스멀스멀 애무하는 빗줄기
푸석한 마음 단내가 난다

젖은 솔 향에 몸을 맡겨
태초의 판타지에 동승하면
비의 향기 솔숲 언어들이
왁자지껄 쏟아져 나온다

비개인 하늘보고 달려 나가
분꽃 귀에 걸고 봉선화꽃잎 때어
입술에 붙이고 노을빛 끌어다
볼연지 바르고 춤추던 희야

숲은 증발한 꿈의 보고가 되고
나는 숲의 정령의 누이가 된다
한번뿐인 생애 가슴까지
흠뻑 젖어도 볼 일이다

어제도 오늘도 공사중

중앙선에 버티고 선 표지판의 결사적인 항거
가끔 그마저 무시하고 달리는 자동차의 비명은
어쩌면
미안하다는 염치의 메세지일까?

산 것들의 무자비한 질주로 끙끙—
속앓이만 하더니 드디어 곪아터짐—
희멀건 눈을 부릅뜨고 뜨거운 아스콘을
뒤집어 쓴 채 의식 없이 누운 도로는 수술중이야

어제 아침 고덕산 등산로에는 가지 많은 나무가
무참히도 잘려졌더니,
오,
앞 다투어 달리던 매끄러운 도로가 상처투성이

바퀴 자국과 경적소리가 맞물려 함몰된 그 자리를
울지도 못하라고 뜨겁고 진득한 액체로 봉합 수술중
연말이면 되풀이 되는 진통에 연민이 앞선다

홀사랑

사람이 사람을 좋아하는 일은
가슴 속 눈물샘 하나 짓는 일

같은 하늘 아래 두고도
그리워 한다는 것은
아픔도 즐거이 멍이 드는 일

천년도 기꺼이
비 눈 바람 무심히 살아 있을 일

새 나무 해 달 별
동무삼아 그렇게 기다려 볼 일

겨울 연가

황량한 겨울 산은 바람을 뒤로 감추고
자꾸만 시린 가슴을 연다
무슨 연유로 날선 창 끝 같은 햇살이
굴참나무 밑둥을 겨냥하고
오마지 않는 봄을 기다리는가

잔설이 분분한 산중에 인동초하나
깊이 빨아들인 숨을 품어
춘몽의 독백으로 피었구나
빈 가슴 이토록 열어젖히며
나부끼는 깃발처럼 갈망함이여

구름지붕에 부드러운 풀잎 같은
풀꽃들의 작고 귀여운 소란함으로
비취빛 옷고름 풀어 젖힐 순간,
더 이상 참을 수 없는 연민으로
꽃물 들어 흙내가 고소하다

제 2 부

꽃비산 홍매화

숨

당신 안으로 스며들어 사는
엊그제 스치던 바람결

가슴 안에 머물고 싶어
그윽한 눈 길 따라
옷 깃 여미어 숨는

전부가 되어버린 그
살풋한 온기

꽃비산 홍매화

피빛 꽃이파리 미풍에 날아갑니다
가슴에 엉긴 사람 풀어 젓히며 훨 훨

시작도 없이 부서지는 봄볕에 멍이 들어
바람 한 점 베어 문 앙가슴 사연으로 피었습니다

보내고 떠난다고 다 이별은 아니라며
매화 꽃무리 쪽빛 섬진강에 몸을 날립니다

나그네 된 물줄기 차마 못 잊고 뒤돌아 볼 때,
홍매화 꽃잎은 툭! 툭! 소리내며 터집니다

절취선

지치고 맥 빠져 어지러운 머리속
영롱한 샘물 하나 퐁퐁 솟았으면,
살아 숨 쉬는 모든 것들의 소망
휴머니즘 절대행복

어둠의 자식들이 빛의 주인행세
무소불능의 탐욕은 티끌 같은 것
무서리에 꽃 진다고 서러워 말자
맑은 숨결 고인 詩하나 건짐이 행복이니

해산의 진통보다 독한 휴머니티 철학
태양을 앞질러 성군이 오시면
민초의 허기진 배와 이성을 채우시리
전쟁도 기아도 불의도 이제 그만,

인간애 가득한 희망으로 전환의

-------------------- ✂ --------------------

꼭 있을 일이다

古家

허술한 기와와 무너진 벽
슬그머니 눈길집어 넣는
개구쟁이 햇살

황토 담 모서리 장독대
빛나는 사금파리 조각
햇살 반겨 철없이 웃는다

할미꽃 배시시 허리 굽힌
거리만큼 멀어져 버린
유년의 등 굽은 추억들

세월의 장대비에 흘러내려
벗겨진 흙 담 언저리
그리움만 처량히 떨고 있구나

임자도 같이 가자

환상의 나래를 펴게 하는 비취빛 바다를 가진 섬
공해상의 중심에 서 있는 듯 설레임을 주는 그 곳
그곳에 가면 태어나 처음 보는 하늘과 바다를 만난다

솔숲 오솔길을 거닐면 빨간 풍차는 이야기를 돌리고
열정을 꽃피운 튤립 삼백만 송이 향연은
영원을 약속하는 청춘의 아름다운 성이며

햇살이 비치는 백사장은 눈보다 고운 금가루
부산물 하나 없는 순도 100%의 결 고운 모래밭
휘리릭~후리질 한 번에 온갖 꿈동이들 다 내것이다

금빛 갈기를 휘날리며 12Km 해변을 달리는
준마의 힘찬 발자국 소리는 해저를 울려
갖은 수산자원의 보고가 되고도 남으리라

태초에 '아름다우라' 고 정한대로 순명하며 사는 곳
청춘이 꿈을 꾸고, 나이 들어 먹고 살 추억을 만드는 곳
친구야 같이 가자, 임자도 같이 가자

노랑나비

모악산 오르다
한 숨 고르고,
앞, 뒤를
나풀거리며 휘감는
노랑나비에게
손 벌려 보았다

닿을 듯 말 듯,
스치고 도는 노랑나비
전생의
나에게 무엇이었기
못다한 사연
전하고 있는 거니?

모르겠다

아직 늦지 않았다는 말은,
사랑하기에
부족함 없다는 뜻인지

어둠이 짙어가는 황혼 길에서
하루에도 열두번
접었다 펴는 소망으로

그 봄날의 유채꽃밭
펄럭이는 노란 물결 같은
비옥한 행복을 말함인지

눈보라

하얀 광상곡을 연주하며 춤을 춘다
하늘과 땅이 온통 새하얗게 눈꽃 축제를 열었다
단절된 김장배추 꽁꽁 언 잎에 입맞춤
깃털처럼 가벼이 용마루에 내려앉는다

귀차니즘의 포로가 잠든 창 앞에 와서는
격렬한 구애의 몸짓이 되고,
눈썹에 얹힌 눈은 금새 눈물이 되어
수런거리는 눈의 이야기로 읽힌다

이런 날에는,
잃어버리지 말았어야 했을 것들이 꿈틀꿈틀
되살아나 불면의 숱한 밤들에 곱씹던 이상과
목숨 줄에 걸린 파라다이스로 되살아난다

별의 꿈을 그리다 이만큼 와버린
삶의 쓸쓸함과 결코 무관하지 않은,
마른풀처럼 건조한 눈의 속삭임
살아있는 것들 중에 외롭지 않은 것 있느냐 한다

하늘을 나는 새도, 초목과 노루도
강을 거슬러 오르는 연어조차도,
하늘을 휘돌아 대지의 눈물이 되는 눈마저도
제 목숨과 함께 외로운 거라고

밤새 내려 쌓이는 눈의 몸부림처럼
끝없는 고독은 이제 시작인 것을,
더 외롭지 않기 위해서는
누군가를 위한 불을 밝히는 거라 한다

별별 소리

어쩌면 나는 아주아주 머나먼 별에서
지구별로 불시착한 외계인 일 지 도 모른다
철지난 바닷가에서 소라껍데기 주워
귀에 대고 수신을 하는,

내가 죽었을 때 달려왔던 그는
어제의 꿈속이었고,
관념과 형상의 틀을 깨지 못한 채
소낙비 퍼 붓는 날 달려가다가
폭우 속에서 길을 잃고 망연자실
상심하던 나는 별것,

한 번의 사랑도 없어 별것도 되지 못하는
아무것도 아닌 것들이
놓아버리라는 모국의 수신을 외면하는가?
고독은 외로움이 아니고
그리움이 꼭 사랑은 아니다
별것도 아닌 것들이 별것이 되고팠던 별소리

봄 그림자

빗방울이 차창에 맺혀
방울마다 이름을 달았다
뙤약볕과 낙엽과
붉게 물든 석양과 그리움,

불면의 밤보다 더
아름다운 고독으로
옷자락 하나, 손가락 하나
감히 닿을 데 없음을 ,

한숨어린 독백과
고운 숨결로 노래하노니
나처럼 혼자인
너

생의 바람

살아있는 것들은
존재의 가치를 알리고자
흔들린다

살아 있기에
빈 들판마저 지푸라기 같은 것들을
풀풀~ 날린다

강인한 삶의 줄기는
여기 저기
구멍 뚫린 가슴들 갈무리하며 흔들리고

작열하던 태양은
수고한 자의 땀방울에 섞이어
성취의 환희 가득한 깃발로 흔들린다

빈 들녘같은 가슴으로
서쪽 하늘아래
우리도 조용히 흔들리는 것이다

일탈

아침 이슬방울로 뚝 뚝
영롱한 그리움이 밀려온다
냅다 지른 비명은
뜨거운 가슴 병 못이긴 짓거리
문고리는 갈등이론과
번민이 메달려 앙탈이고

해탈한 애벌레 같은
어쩌면,
새끼들에게 살 다 먹히고
가벼워진 몸뚱이로 둥둥
떠내려 갈 채비하는
달팽이 어미 같은

낮게 더 낮게
아래로 더 아래로
침잠하는 기아의 DNA
봄빛의 환각인가
유실된 자아를 찾아 빛의 속도로
뛰쳐나간다

삶의 뒤안길

말 하나가 검은 선에 걸려 넘어 진다
현실의 통로인 검은 선을 절단했다
································
어둠은 자꾸 일어나라 재촉하고
숲은 문을 닫겠다는데
그래봐야 새벽은 오지 않을 거라고
으름장을 놓는데

죽은 듯 쓰러진 말은 말이 없다
넘어진 핑계도,
여기쯤에서 달리는 것을 멈추고 싶다고도
말하지 않았다
죽은 듯 눈감은 몸 위로 겹겹이
내려쌓이는 어둠이 차라리 포근하다

수직의 바람이 돌변해
어둠의 옷을 야속하게 뜯어내지만 않는다면,

꿈꾸는 시간에 망가지는 사람들
살아가는 연습이 아직도 필요한 사람을 위해
허상의 말이 마지못해 일어나 달렸다
텅 빈 자리에 돌아와 자기 몸 안에 눕기까지
냉혹한 바람이 쉼 없이 관통하고

푸른 꽃 섬

시원의 설레임 가득한 바다와
하늘이 내려와 노는 명사 삼십리 꽃모래 섬

오월이면 파도소리 벗 삼아 형형색색 피어난
삼백만송이 튤립 꽃이 사랑의 축제를 연다죠

선사시대부터 들깨 섬 이야기 경이로워
여름밤 민어는 목숨처럼 꽉꽉 울어 산란을 하고요

솔개산기슭 말굽 터널 사형제 집엔
전 국민 밥상에 오를 명품새우젓이 무르익는 중

천년의 역사를 이어갈 푸른 이정표가
지축을 돌리는 사막의 오아시스 같은 섬

누구든 임자도에 가거든,
금빛 갈기 휘날리는 준마와
찬란한 이상으로 일취월장 달려야 합니다

해오름

겨울 빈 둥지
새의 그림자를 밟고 서 있다
희미해져 가는 유성의 빛이
가슴을 후비고 지나가도
코를 찌르는 냉기가 독백처럼
숨통을 조여와도
떨리는 가슴 진정시키며
벅차오르는 환희로움으로
살아있는 빛의 소리에 귀 기울이라
심연의 깊이에서 뜨겁게 달구어
해야, 떠올라라
빈한한 영에 빛의 광맥을 채우라
청동을 달구고도 남을 열정으로
심장을 들끓게 하라
너를 품어 세상을 살으리라

흐린 날

바람 부는 날
내 마음은 ,
잎잎 마다 어루만지는 푸른 햇살

삶은
소리 내지 않는 다는데
나는 마디마디 흔들리는 함성

오랜 세월
솟대 끝에 걸린
시린 강줄기처럼 걸었다

굳이
규정하라면
청정하고 심지 곧은길이었다고

바람 부는 날
제풀에 지친 쓸데없는 변명으로
서러움 한 입 베어 물었다

제 3 부

상실의 미학

빈 그릇

늘 그러고 싶다
채워지는 단위가 높아져도
여전히 빈 곳이 더 많은
겸손한 그릇

아름다운 삶의 향기가
폴폴 날아나는 소박함으로
더욱 빛이 나는 그릇
돌려 드릴 때를 위하여

감성

가을 하늘 기러기 때
하나 두울 세엣 네엣 다섯
다섯은 내 마음, 기러기 따라
잿빛 하늘 날아갑니다

손바닥만큼 작아진 가슴에
하얀 눈 내리고 녹고,녹고
꿈도 더불어 하나씩 녹고
낙엽은 자꾸만 쌓이고

꽃이 될 푸른 잎 새 위에
퍼내어도 채워지는 바램
아직,
천의 영감으로 살아야 될

상실의 미학 1

심장을 쿵 울리고 가는
상수리 열매 떨어지는 소리

웅성거리는 사람들의 소리가
매케한 연기를 뿜어내며
심장을 밟고 지나간다

자꾸만 졸아드는 무게를 감당 못해
높은 가지를 잡고 흔들다 부둥켜안고
시간과 운명의 선을 지웠다

다 타버린 아파트를 휘젓고 와서
참나무 아래에 가만히 누워
무아몽중 하늘을 닫았다

이대로 영원히 잠들고 싶다

상실의 미학 2

산에 올라 메스꺼운 연기를 토해내고
피톤치드 한 병을 맞는다고 누웠다

가물거리는 시야에 아스라이 흔들리는
몸짓은 의롭게 살겠다던 천사같은 소녀

미동도 않고 참나무 숲에 가라앉는 육신
폐부 깊숙이 어느새 침투한 절망의 유혹

수호천사 둘이 염려의 눈빛으로 보고있다
내 쓸쓸한 피는 다시 온기를 찾을 수 밖에,

상실의 미학 3

하염없이 먼 하늘,
별 하나가 길을 잃었나봐

애타게 손짓하며 다가서도
모르는 너는 장님

자지러들 듯 힘겹게 숨
토하는 나는 벙어리

세상은 온통 소통이 부재된
유리벽 속의 박제된 소품들뿐
배경은,
부도난 아파트에 화재가 난 조감도

모정비감母情悲感

산에 들에 얼었던 시냇물 졸졸 흐르고
노랑 분홍 빨강 꽃들이 지천으로 피어나고
봄옷 갈아입은 햇살이 방긋방긋 미소 짓는데

하늘보고 미소 짓던 해 닮은 귀염둥이 아들아
부정과 편견의 땅이 싫어 호수깊이 들어가
어미 가슴에 통한의 눈물꽃으로 피었구나

울음 짙은 산야에 번뇌의 심지를 태워버리자
애절한 모정 석탄일 지등으로 피었나니
실존을 접은 세상 떠나 극락정토 임하였구나

꽃피는 봄이 오면,
아, 다시는 예전 같지 못하구나 하리라
어미의 봄은 그렇게 속절없이 흐르리라

* 17세 꽃같은 아들을 잃은 향임의 아픔을 함께하며 동병상련의 마음으로

가을날의 일기 1

문밖 죽어가는 것들이 아름답다
소박하고 화사하고 또 아름답다
버림받은 나뭇잎 들이
붉게 물들어 울음을 토하는 몸짓
이 계절의 나뭇잎은 날개가 있어
훠_얼훨 희망 찾아 날아갔다

단풍잎 붉은 열정으로 타올라
아낌없이 주는 은행나무처럼 살다가
증발해버린 새벽안개처럼 사라지라고
아, 만전춘 한 소절로 타오르라고
벽속의 귀뚜라미 울어 대듯이
온갖 것들이 문을 닫는 이 잔인한 계절에

가을날의 일기 2

외롭다
늘 혼자다 여행도 혼자
찻집도 혼자, 혼자가 좋다
책을 어질러 놓는다
옷도 어질러 놓는다
의자 위, 침대 위, 경대 위, 옷걸이에 겹치기로
아주 많은 사람이 같이 사는 것처럼 어지른다

게임도 한다
재미있게 잘한다 천변에서 운동하다
산책나온 갈대숲 너구리에게 사과도 준다
외롭지만 고독도 좋은 친구다
철학자 괴테 선생님은
세상 그 누구도 혼자이지 않다고 하셨다
그럼 나는 하늘 바다 산 나무 바람 구름
해 달 별 돌과 시끄러운 이명까지 친구

그러고 보니,
자연과 우주, 온갖 사물들 날 좋아 한다
그 어떤 것과도 소통하고 살았으니
혼자는 아니다
그럼 외롭지도 않을 거라는 예긴데
사람 냄새가 환장하게 그리울 때도
온갖 사물들 이름만큼 많았다

가을날의 일기 3

슬프고도 아름다운 생명들이 나부낍니다
달리는 자동차 바퀴를 따르며 회오리칩니다

이 세상 그 무엇도,
그 누구도 한결같은 것은 없습니다

애지중지 아끼던 핏줄로 얽힌 인연도
때가 되면 가야하고 보내야 합니다

나래를 펴고 힘없는 안무를 하며 무언의 항변으로
노을보다 더 붉게 생명을 토해냅니다

가을날 붉은 낙엽의 장례식장엔
무정한 사람들의 철없는 환호가 난무합니다

'밟으면 너무 아파요'

'밟으면 너무 아파요' 소록도 잔디밭 표지판
한센병 환우들의 피토하는 아픔이 전해져 온다
'밟으면 너무 아파요'
각골통한 절절이 새겨진 '밟으면 너무 아파요'
후대에게 고백하는 그들의 뼈있는 진실
'밟으면 너무 아파요'

소록도 구석구석 피맺힌 사연들이 노란, 빨간
꽃으로도 피고 이름 모를 잡초로도 피고
굴러다니는 작은 돌멩이로도 생겨나 말을 한다
'밟으면 너무 아파요'
수술대 앞에 서니 통한에 울부짖는 처절한 몸부림
처절하게도 상기되어 발걸음 옮겨 딛기도 미안했다

'밟으면 너무 아파요'
일본야만인들 비인간적인 만행이 가해졌다는것
자고나면 떨어져 나가는 살덩이보다 더 아픈 고통의
삶이었다는 것 절대 잊지 않을께요
'하늘나라에선 부디 사랑과 평화 천상영복 누리소서'
간절히 기원합니다 사랑합니다 사랑합니다

내게 이르시기를

내 어머니
내게 이르시기를,

'남 앞에 서지 말거라'

내 어머니
내게 이르시기를,

'순명하여라'

내 어머니
현모양처 곧은 길 사시고

어린 눈동자 앞에선
맑은 면경과 같았어라

'세상 사람들 아웅다웅 사는 모습
참 불쌍해요 아버지'

내 아버지

안타까운 시선으로 날 보시며
하신 말씀

'사랑하는 딸아
난 네가 제일 가련하구나'

집을 나설 때 갑옷 무장하고
아이들 손잡고 세속사 헤쳐 나갈 때

내 아버지 눈과 마음
날 따라 나서시네

내 아버지 눈과 마음
마주할 수 없는 애절함

더러,
길바닥에 주저앉아
그 마음 부여잡고 울고 싶었네

소풍

상념이 북적대던 머리를 비우고
햇빛 찬란한 신록의 숲을 만나러 갔다
착한 사람만 좋아하는 부전의 숲이다

원시림 같은 커튼을 젖히고 날개를 펴
노닐다가 향그러운 산딸기 입 안에 가득
넣으니 숲의 정령 받은 요정이어라

알토란같은 하수오 심장에 맑은 숨을 주네
모닥불 같은 인생 끝나기 전
생솔토막 같은 너 있어 넉넉했다 말하리

아버지의 눈물

블랙커피를 독한 술처럼 마시고 싶다
가슴에서 뛰는 심장은 지리멸렬 휴머니즘

한순간에 늙어 죽고 싶다 최대한 빨리
한바탕 생의 끝지에 놓인 孝와 父母님恩惠

가지는 밑둥을 잘라내려 안간힘을 쓰고
그렇게 버티고 서있던 나무가 스러지는 소리

절벽 아래로 노송이 추락할 때 기억하라
찢겨진 가지가 저 홀로 숲이 되진 못하리니

진심으로 다하지 않으면 忠孝도 부질없어라
내 아버지 가슴으로 울다가 잠이 드셨네

악몽

림프절이 상당히 부었군 두 달 후에 세침검사를,
위험한 건가요
또,
수술해야 하나요 선생님?

어두운 터널을 걷다가
걸을 힘마저 잃고 서 있다
멍하니 체취의 흔적을 찾아
기억을 더듬고 있다
……
언제부터
언제부터 병이 들었을까

낯선 길과 낯선 사람들
알아들을 수 없는 언어들이
깔깔대며 지나간다
난 그것들을 발로 찼다

두 달 후
그때 까지
정지된 시간과 여린 목젖은
연민의 詩를 읊조리며
꿈에서 깨어나려고 몸부림치겠지

산다는 것도
죽는다는 것도 神의 뜻
아는 길에서 방황하는 서글픈 입자
생의 한 순간을
미화시켰을
그리움이 그립다

우울증

갑자기 가던 길에 주저앉아 버리고 싶다
그냥 눈감고 아득히 깊은 심연으로 빠져들고 싶다

나를 잊고 모태속의 아니, 그 이전의 우주의 점하나였을, 어둡지만 화사하고 느낌이 부드러운 시공을 초월한 공간에서 유영하기도 하면서 미소로 머물고 싶다
365일 24시간 열려있던 나의 방문을 닫고 싶다
세상의 소용돌이에서 떠밀려 표류하고 있는 것 같다

펜들의 사랑을 한 몸에 받던 스타들이
모든것을 등지고 죽음을 선택했을 때
아마 이런 기분의 문턱을 넘어서
깊고 깊은 해저의 경험을 하였을 것 같다
그리고 그곳에서 나오고 싶지 않았을 것이다

바람도 없는데 옴 몸이 경직될 듯 춥다
세상에 사랑은 없고 고독하고 지친 영혼들만 가득하다

그토록 귓바퀴를 밤이나 낮이나 울려대던 이명
그 찡한 외계의 소음도 없다
숲은 늘 그 자리에 그림처럼 멈추어 있고
소녀는 책을 읽는 동상이
된지 오래고
정치인들은 제 아귀에 성대가 잘린 사람들을
틀어넣느라 눈알이 튀어나올 지경이다

극도의 이기심이 팽배한 이 사회가
싫어지는 증세가 시작되려고 한다
머리도 가슴도 자주 울컥거리는 것이
봄이 근처에 와 있기도 하나 봐

잔인한 오월

미카엘, 네가 떠나간 오월
꽃은 왜 그리도 많이 피던지
아파트 담장을 타고 올라가
흐드러지게 핀 붉은 장미넝쿨이
참으로 야속하고도 미웠단다

놀이터에 뛰노는 아이
미끄럼틀 아래 숨은 아이
가방을 등에 메고 어깨를 흔들던 아이
'엄마, 사랑해'
귓불에 속삭이며 아침을 열어주던 아이

눈에 넣어도 아프지 않을 사랑스러운 너
힘든 투병과 인내로 견디더니
가느다란 희망마저 사라질 무렵
'엄마, 얼른 나아서 동물원 가자는 말 왜 안해?'
억장을 무너트리던 그 말
아직도 심장에 맴도는데

아파도 조금만 참으라며
돌아서서 몰래 우는
그 눈물 이제 그만하라고
스무잔의 커피로 대신하며
식판을 돌려세우는 내게
네 앞에 와서 밥 먹으라고
엄마 입에 밥숟가락 챙겨 넣었지

네가 좋아하는 노란 꽃, 초록, 눈부신 하양
천국 문에 온갖 꽃들 피워주며
1993년 오월 십일,
천재였던 너 예정된 만남의 길로 떠나고
빗장 걸어 잠근-
그 세월이
어제 같은 오늘이란다

침묵의 대화

달그락 달그락
말없는 말이 달려든다
깊은 밤 홀로 깨어
어둠과 한바탕 씨름을 하는데

심연의 절규인가
호국원 부모님 묘소 앞
두손 모아 기도하던 내 앞에
느닷없이 불어오던 회오리바람

쏴아— 바람이 말을 한다
어쩌면 우린
명료한 대화를
나누고 있었나 보다

제 4 부

기분 좋은 날

첫사랑

나도 누군가에게 첫사랑이었을까
잊혀진 기억 모퉁이에서 울고 있을 상실의 큰
아쉬움일까

유년의 어디쯤 나는 누구의 각시였을까
사금파리조각에 풀잎반찬 얹어 내밀던 짝지였을까

그저 바라봄만으로 가슴가득 물안개 피어오르고
연분홍 꽃비 무더기 무더기로 설레임이었을까

그리움 딱정이 되어 하얀 깃발로 흩날릴 때 쯤
누군가 마지막 꿈처럼 애타게 찾아 헤멨을
첫사랑일까

이니그마 (수수께끼)

정신신경 안정제 불면증 대인기피증
우울적 고독과 위기의 멘탈리티

가식적인 웃음과 허구의 울음
망각과 혼돈 속 존재들

미로 게임 같은 감성과 분노의 정서와 희열감
참 이상하기도 해

별처럼 영롱한 두 눈이 거짓말을 하고
따스한 두 손은 냉기 흐르는 비수
가진 자의 횡포는 순수로 위장한 상처를 준다

돈 앞에선 사랑도 걸림돌이 되는 세상
가난한 자는 더 가난해지지 않으려 침묵하고

단절된 세상은 굉음을 내며 굴러 간다

세상엔 인류를 다 먹여 살릴 정도의 재벌이 많지만
기아선상에서 죽어가는 사람도 부지기수다

돈을 기적의 도구로 쓸 수 있는 자 몇이나 되랴

사랑도 그렇다
책임지지 않는 사랑은 동정의 값어치도 없다

대화와 소통의 부재가 만들어낸 돈의 위력
무엇이 옳고 무엇이 그름인지 그들은 모른다

눈물로 빵을 먹어보지 않았으면 위로조차 하지 마라

상생과 화합- 사랑
혀끝에서 조작된 언어로 말하지도 말고

봄

눈보라 드세던 산야를
누가 물들였소
바람이 절로 고개 숙이던
이끼 낀 바위를 누가 깨웠소

굳은 동면을 흔들어 깨운
아름다운 상흔 같은
저기 저 진달래나무에 누가
등불을 달았소

사슴 한 마리 목 축이는
이슬로나 살아야지
옷 갈아입는 산야가 눈부셔
두 눈이 멀겠네

사랑

1

날마다 사랑해도
다 못할 것 같고

단 한번으로도
다 함 같은
내 사 랑

2

영과 육의 완성
아낌없이 주는
뿌리 깊은
나무가 되는 것

몸살

끓는 이마 위 사금파리 추억들이
깨금발로 뛰어 다닌다
기억나는 하나
명치끝에 걸린 고독병
발끝에 체이는 낙엽이 아프다
가버린 그 무엇도 이해 할 수 없어서
발아래 낙엽을 밟는 일도 힘들다

바람 모퉁이

옷깃을 스치고 달아나던 바람이
제 자리 걸음으로 회오리치는 곳
항간의 뜬소문 같은 것들 서성서성

소나무에도, 억새풀, 갈대 끝에도
이끼 낀 바위에도 역동의 힘으로
가슴까지 싸–한 바람의 날개 짓

상춘객 휩쓸고 간 허전한 가슴들
사연 하나씩 물어 위로 하려고
북풍 서풍 모여 수군대는 곳

비오는 날

거리로 뛰쳐나가고 파
흐르는 빗물이 가슴을 뚫고 들어 왔는지
강줄기로 흐르다가 젖은 땅에 눕고 싶어
가만히 누워서 흐르는 빗물에 나를 맡기고
어제, 또 오늘 젖은 삶 비벼 씻을래

잿빛하늘에 비가 내리면
가슴에 구멍이 뚫려서 눈물이 빗물되어
장마철 개천같이 흘러내리지
때로는 눈물도 필요해
혼탁한 세류에 찌든 영혼의 정화수일지 몰라

빗물인 듯 눈물인 듯 그렇게 얼크러지다가
구름옷 벗은 태양이 비치면
한줄기 빛으로 영롱하게 피어나
혹여, 어두움 저편에 누가 울고 있나
아픈 가슴들 위로하는 무지개 될거야

구상나무

망각이란
긴 잠 속에
흔들리는 나목

스치는 바람에
쓸려 갔다가
다시 오고

민들레 꽃씨
훠훠 부는 일이
생의 목적인냥

시공의 흩날림에
부대끼는게
아마도

하늘의 섭리에
조응하는 길이려니
하고

기분 좋은 날

저기 앞산 자태 좋은 소나무더러
이리로 와 하면,
앞으로 성큼 다가 서 줄 것만 같은 날

저 하늘 유유히 떠가는 구름더러
이리로 와 하면,
냉큼 발 앞에 대령 할 것 같은 날

유유자적 흘러가는 섬진강 그 맑은 물더러
보고 싶어 하면,
어느새 눈앞에 커다란 물줄기를 이룰 것 같은 그런 날

그리운 사람들 어느 순간 활짝 웃으며
모여 들것 같은,
왠지 행복할 수 있을 것 같은 그런 맑은 날

누가 나의 이 빛깔과 향기에 맞는 이름 불러준다면
그만의 꽃이 되고픈,
사랑하고픈 날

노고단 진달래

빗발치는 화염 속으로
빨리듯 들어갔다
산등성이마다 불꽃

봄볕의 눈부신 정령이
꽃을 피우고 지리산 길손
다 태우려는 듯
끈임없이 이어지는
군상들 삼키고 있었다

눈빛으로 어루만지고
달려가 활활 타올라도 좋을
봄꽃, 그 화사함이여

세월 또는, 그리움에게

가슴에게 묻는다
얼마나 간절히 생의 불꽃 심지를 돋우었는지

가슴에게 또 묻노니,
얼마나 많은 사랑을 전율하며 속삭였는지

우리가 늙고 병들어
추억할 것이 오직 가슴이야기 뿐일 때

얼마나 온유한 미소로
지나온 청춘을 아름답다 말 할 수 있을지

시름이 가득한 하늘 위로
고뇌의 잔을 건네며 풀 물든 가슴을 노래한다

아, 그대는 한숨이며,
엇갈린 운명의 수레바퀴처럼 비켜가나니,

아, 가을! 한단의 꿈

가로수 은행잎들로 도로가 온통 노란색이야
생존을 위한 작업이 시작 된 거지
준령을 넘기 위한 처연한 사명 같은 의식이라네

새벽이슬 한 방울로 온갖 풀벌레 낙원이 되고
환희로운 생명의 꽃 같은 푸른 계절은 가고
칼바람 견디기 위해 칼이 된 나무로부터 단절 된 거야

기러기 떼 지어 고향 찾아 나는데 노랗고 붉은 잎
순환의 길을 터 흙 꽃으로 피려고 조락하는 거지
꽃 피고 지는 듯 그렇게 한 세상 흐르는 거지

만산홍엽 시월 하늘에 내 그리움만 파르댕댕하니

우기의 단상

푸르름 가득한 여름
금새 먹구름 몰려와
폭포수 같은 소나기로 갈증을 해소하고
범람하는 황토색 붉은 강물은
고단한 생활과 섭쓸려 간다

그 옛날 있었음직한
엉켜 풀리지 않는 도투마리 같은
아리아리한 모습들 떠올라
가슴강 적시기도 하고

어느,
봉선화 꽃물 채 지워지기 전이었을……
유록의 심산유곡을 하늬바람타고
비상하기도 하강하기도 했던
수줍은 시절의 기억까지

그 후
말은 안하지만 저마다
가슴 속에 뱉지 못할
멍울 하나씩
감추고 사는지도 몰라

운명

스쳐 지나가는 한 순간도
나의 것이 아니고
부딪히는 그 어떤 사람도
내 사람은 아니다
나뭇잎이 흔들리 듯
그렇게 삶은 흔들리다가
살아있음이 마냥 감사해질 때
우리는 또한 죽음도
곁에 있음을 알게 된다

영혼이 거두어 지는 그 순간까지
버려짐을 외면하지 말고
먹구름 뒤에 태양을 기다리듯
그렇게 아름다운 것들을
사랑해야지
날마다 한 조각씩 떨어지는
죽음을 지켜보면서
나 이전의 누군가도
그리 살다 갔음을 기억해야지……

좋은 아침

낮게 드리워진 하늘 창가에
보드라운 꽃물결 수놓는 아침

기린의 목 같은 포도위로
느리게 움직이는 아침의 행렬들

천변의 수양버들 노란 잎들의 춤사위
그리움의 무게를 실었나, 더딘 몸짓

발끝을 곧추 세우고, 눈빛을 모아
공복으로 맞는 아침이 싱그럽다

풍경

산에 들어서면 산물이 들어서
슬픈 그림자는 보이지 않을 것 같아

노을이 아름다운 날
산 목련 터지는 소리처럼 그렇게

심산유곡 홀로 서성대다가
그리움 노을빛으로 타오르리라

제 5 부

황혼 즈음에 이런 사랑 하고 싶다

사랑가

당신은
향긋한 차 잎 두어개 띄운
작설차를 드세요
차 잎에 햇빛이 이울어 들듯
나는 당신의 입가에 스며든
행복을 마시지요

녹차의 숨결 같은
사랑에 취하고
한 낮의 단꿈을 꾸며
오래전 담가 놓은
진달래 꽃술에 취하고

당신은
진달래 香을 마시고
나는 당신의 눈가에 번지는
고뇌를 마시고
호숫가의 잔물결 소리 같은
고요한 사랑을 노래해요

자화상

맑은 도화지
늘 여백의 미로 남겨
그리움으로 두었어
파란만장 희로애락
애환의 그림자 엮은
그렇게 몇 날
그렇게 몇 년

더러는,
물먹은 솜처럼
무거운 짐 진 길
여름날 장대비처럼
떨구던 이야기도
몇 날인가
몇 년인가

통한의 뒤안길
쫒겨난 천사처럼
겨울바람 매서워도
시원의 꿈길인 양
해 뜨고 지는 일처럼
일륜명월 일필휘지
그렇게

관계의 법칙

나무가 마음 닫는 날
잎은 자신의 몸을 불태우기 시작한다
잎은 그렇게 흙으로 돌아가고
봄이면 다시 나무와 한 몸으로 살아난다

외로울 때 더욱 아름답게 빛나고
절망의 순간 찬란한 빛을 뿜으며
아름다운 관계를 조율하며 지속하는
그들은 진정,
위대한 것들의 사랑공식을 몸소 실천하는 중

꽃샘 바람

바람은 가만있던 나를 불러내 강 뚝에 세웠다
까맣게 잊었던 황금빛 길이 억새풀 사이로 빛난다

눈포래에 한 차례 얻어맞고는,
안간힘으로 버티고 선 강변의 풀잎들이
날을 세우고 심호흡을 했다

억새풀의 항변을 거들어 그 때문이라고
어설픈 변명을 늘어놓다가
나도 그만 엉엉 울어 버렸다

낙엽 메시지

밤새 윙윙 거리며
바람과 한 몸 되어 울어대던 건,
한동안 당신과의 결별 때문이요

조락하는 모든 것에
습관처럼 윤회의 언약이
한 치의 오차 없이 거행되길 바람이요

시끄럽게 바스락대는 소리는
끝이 시작의 의미임을 강조하는
상실의 미학이요

만물이 소생하는 새 봄의 재회를 위해
동면의 시간동안 영육을 살찌울
떨어지는 잎의 간곡한 맹세랍니다

기억의 습작

흐르던 물 얼어 그토록 세차게 쏟아져
내리던 흔적도 없다
결빙된 폭포수는 겨울잠을 자나보다

아스라한 들판 뿌연 소낙비가
황토먼지로 달려오면
비보다 빨리 빨랫줄을 걷었다
나비보다 날랬던 소녀도 겨울잠을 자는지

땅거미 어둑어둑 기어가는데
요놈!요놈!
엉덩이를 걷어찼더니 툭! 뱉는다
내 꿈속의 꿈들,

나의 뿌리는 이렇게 시작되었다

(寧川李氏)

나무와 마찬가지로 사람도 근본이 있다

내 아버지 어머니는 내가 세상에서 제일 존경하고 사랑하는 분이시다

조금 부족한 상태가 가장 행복한 순간이라고 늘 말씀하시던 공무원 아버지와 많이 부족하지만 아버지 말씀에 순종하시며 현모양처의 길로 고단한 삶의 여정을 살으신 단아한 한복의 맵시가 고왔던 어머니의 4남 1녀의 외동딸로 태어난 것이 불만이었던 때도 있었다

청소년기 넷이나 되는 남자 형제들 때문에 학업을 중단해야 했을 때 방황도 많이 하고 삶의 끈을 놓아 버리려 했던 때도 있었지만, 이렇게 고운 심성과 몸을 주시고 사랑으로 훈육하셨으니 각골난망이다

이왕지사 한 목숨으로 태어난 것,

세상 그 누구보다 보람되고 가치 있는 삶을 추구하고자

열 목숨으로 풀어 살고 싶어서 선택한 제 2의 삶이 부모님 가슴에 대못이 되었다

'너도 자식 낳아 키워보면 그때 부모님이 왜 그래야만 했는지 알것이다' 하시더니, 잘못된 선택을 하는 자식을 만류하시던 부모님 심정을, 나는 내 자식을 키우면서 뼈저리게 깨닭을 수 있었다

임실 호국원에 계시는 부모님 묘소에 갈 때 마다 사죄를 드리지만 살아생전 가슴 아프게 해 드린 불효를 무엇으로 대신 할 수 있을까

자랄 때는 아버님이 철없는 양님 딸 앉혀놓고 나의 뿌리에 대해 말씀을 많이 하셨는데 조금 더 잘 들어 새겨둘걸 하는 마음에 할아버지를(고모부껜 장인어른) 많이 존경하셨던 고모부님과 고모를 통해 들은 나의 뿌리에 대한 자긍심을 여기 두서없지만 피력해 더 기억이 가물해 질 때 보고자 한다

***

고모부님께 가장 많이 들었던 이야기부터 일제 강점기에 일본 순사들이 곡식을 내놓지 않는다고 순박한 우리나라 농민들을 엄동설한에 눈밭에 옷을 벗겨 엎드려 뻗쳐를 시켜 놓고 매를 때리는 광경을 읍내 나갔다 돌아오시다 목격하신 우리 할아버님이 일본 순사들에게 '남의 나라에 와서 왜 행패냐고, 먹을 양식도 남기지않고 군량미로 다 빼앗아 가고도 모자라 죄없는 양민들에게 못할 짓 하느냐'며 벼락같이 호통을 치시며 계속 못된 짓 하면 총독부에 너희들을 고발하겠다고 호통호통 치시면서 사람을 시켜 곳간에 있는 양식을 그 농민들의 몫으로 대신 내어주고 농민들을 풀어주게 하셨다

고 한다

그때 그 광경을 보신 고모부님이 할아버지의 위엄과 성품에 반해 저 어르신을 공경하며 살아야 겠다 싶어서, 중신아비에게 꼭 할아버님의 딸이신 고모님과의 혼사를 성사시켜 달라고 당부해 지금의 고모님의 지아비가 되셨다고 한다

후에 고모부님은 경찰 공무원이 되셨다

지금도 고모부님(82세)은 그렇게 훌륭하신 어른과 한 가족이 되어서 고모는 어떨지 몰라도 고모부님은 매우만족이라고 하시며 웃으신다

그리고 우리 할아버님은 노비문서를 종들에게 나누어 주면서,논밭도 함께 나누어 주고, 소작농들에게도 그냥 먹고 살라며 소작 붙이던 땅을 무상으로 나누어 주셨다고 한다

남원 땅에 우리 논밭을 밟지 않은 사람이 없을 정도로 사시던 집과 얼마간의 땅만 남기고 아낌없이 다 나누어 주셨다니 얼마나 도량이 크신 분인지 참으로 존경스럽다

그래서 십여년전만 해도 우리 땅을 받아 무상으로 살으시던 착한 분들이 가끔은 그 땅이 할아버님 명의로 그냥 있는데 이제 어떻게 해야 하느냐고 고모님께 물으셨단다

고모님 왈, '집안 어르신이 다 뜻이 있으셔서 하신 일인데 저희가 어떻게 저희 마음대로 다시 달라고 하겠어요 그냥 지

금처럼 잘 사세요' 하셨단다

그 할아버지의 아들의 딸인 나 역시 시조 할아버님의 불사이군의 충절의 덕과 윗대 할아버님들의 후덕하신 성품과 베푸신 공덕으로 인하여 지금껏 이나마 목숨 부지하고 어린 양들과 잘 살아온 것 같다

남원군 산동면 일대, 임실군 지사면 일대, 지평선을 이루었다던 선조들의 땅들이 누군가에 의해 옥토의 소임을 다하겠지만 자연을 사랑하는 나도 가끔 내이름으로 된 한 평의 땅에 텃밭 예쁘게 가꾸며 살고 싶다

***

나의 시조이신 분은 고려조 문신으로 1320년 충숙왕 7년 반전별감으로 원나라가 上王인 충선왕을 토번지역에 유배시킬 때 호종했던 시조할아버님은 원나라에 사신으로 왕래하시고 충혜왕때 정승에 오르셨다 한다

1326년(충숙왕 13)에 원나라가 고려에 성(省)을 두려고 하는 일이 일어나자 지밀직사知密直司로 원황제에게 중지할 것을 주청하여 그것이 받아들여졌다

그 공으로 1등 공신에 책록되었고, 사람들으로부터 면좌당免左堂 이라는 액호額號를 받으셨다

또한 1332년(충혜왕 2)에는 문하시중門下侍中으로 있으면서

조적曺頔의 난을 평정하는 데에 공을 세워 공신이 되고

영천부원군寧川府院君에 봉해졌다

이로써 후손들이 관향을 영천寧川으로 삼았다

그래서 나는 영천寧川 李가이다

시조의 손자 이탕휴님은 고려조의 한림학사를 역임하셨다 그러나 역성혁명이 일어나자 자신이 살던 곳을 스스로 방화하고 자손을 고향으로 보낸다

그분은 자손들에게 과거를 보지 말것을 당부하시고 관과 옷을 찢고 두문동에 들어가 일생을 마쳤다

전북 남원군 이백면 조촌리,

전북 남원군 주천면 용담리,

전남 구례군 마산면 사도리가 집성촌이다

전북 임실군 지사면 계동에 시조 이능간님의 묘가 있다

(백과사전참조)

춘향제때 판소리를 하는 광한루원에 가면 할아버지(이동신)의 이름 석자와 행적이 적혀있는 목판이 붙어 있다

어렸을 적 아버지 손을 잡고 할아버지의 시비도 만져보곤 했는데 아버님 돌아가시기 전, 성인이 되어 한번이라도 찾아볼 여유가 없었던 삶이 못내 아쉽다

남원시청에 가면 알 수 있다니 언제 시간을 내어 선조님의 흔적을 찾아봐야 겠다

신분사회였던 시절이지만 약자에게 한없이 너그럽고 약자를 괴롭히는 강자에게 강하셨던 그 분들의 피가 내안에 흐르고 있어서 자랑스럽거니와 부끄럽지 않은 후손으로 살고저 노력한다

여고시절 전라북도 서예 최연소자 입선을 하고, 백일장에 입상을 하자 학자이셨던 할아버지의 피를 이어 받았다고 즐거워하시던 부모님 모습이 생각난다

황진이 보다 서화에 능하고 싶었고 시절을 풍미하는 예와 멋을 아는 여인이 되고 싶었던 여고시절의 꿈이 상급진학포기로 인하여 방황과 자포자기로 이어졌지만, 어찌어찌하여 이렇게 詩라는 막힌 숨을 틔어주는 신선한 산소 같은 길에 들어서 있으니 돌이켜 보건데 배를 움켜쥐고 쓰러져서도 참으로 행복했었다

누구나 부모된 사람 다 그렇겠지만 아이들 키우느라 돌아볼 여력이 없었던 자아를 들여다보고, 이제는 자식 못지않게 나 자신을 성장시키는 일이 중요하다는 생각이다

백세시대에 발 맞춰 걷는 시늉이라도 하기 위해서 나는 날마다 기쁜 마음으로 새벽을 열 것이다

내 아이들도 언젠가 엄마의 살아온 모습에 흐뭇한 미소로 고개를 끄덕여 주기를 바라며, 어려운 환경 속에서도 서로 다독거리며 위로하고 늘 밝고 긍정적이며 유머가 풍부한 아들딸로 자라주어서 진실로 고맙고 사랑스럽고 행복하다

세상 것에 구애받지 않고도 자유로운 영혼으로 살 수 있는 욕심 없는 순리를 터득한다면 또 그렇게 살아도 좋으리라

아주 작은 사랑을 베푸는 데는 용기만 있으면 된다

작은 사랑의 용기가 세상을 살맛나게 만든다

작은 사랑이나마 열심히 실천하며 살련다

네게서 사람냄새가 풀풀 나서 좋다

"까치까치 설날은 어저께고요~ 우리우리 설날은 오늘이래요~"

라디오에서 우리네 고유명절 설날 분위기를 고조시키는 동요가 흘러 나온다

그제, 또 오늘 연이어 호국원에 다녀온 이야기를 하고 싶어서 굳어버린 마음과 손목운동을 좀 하려고 몇자 주섬주섬 주워 올려본다

엊그제는 서울에 사는 사촌오빠가 우리 부모님 성묘간다고 해서 호국원에서 만나기로 하고 다녀왔었다

임실군 청웅면 삼계리쯤 왔을까?

……

길가운데에 꽤 큰 짐승시체가 피투성이가 되어 널부러져 있었다

진눈개비는 추적추적 내리고, 산에서도 비를 좀 맞은터라 몸도 으스스떨리고 해서, 빨리 따뜻한 집에 가려고 속력을 좀 내어 운전을 하던터라 반사적으로 핸들을 꺾어 그자릴 비켜서 쌩~ 달려 왔다

한 손으로는 성호를 그으며 불쌍한 개를 위해 아멘을 하고 그랬더니, 옆좌석에 아들이 급한 목소리로 말한다

"앗! 엄마 잠깐만~ 어어… 잠깐만……"

급히 외치길레 난 속도를 조금 줄이면서 아들의 마음을 읽고는 걱정스레 물었다

"왜? 어쩌려고?"

아들이 급히 저지하는 이유를 알면서도 계속 달리면서 물었다

"불쌍해요~"

"그래두 어쩔수 없어. 여긴 갓길도 없어서 차를 세울수도 없어' 나는 계속 달리면서 말했다

"그러면 저렇게 내버려두고 가자구요?"

"그럼 어떡하니? 삽도 없고, 눈도 많이 오고 땅도 얼었고, 묻어줄려면 삽도 필요하고, 비오는데 우산도 없고, 비야 좀 맞아도 되겠지만, 꽤 커보이는데 어떻게 하냐, 징그럽고 끔찍하고……"

난 구구절절 안되는 이유를 설명했지만 아들은 한사코 운전하는 내 팔을 잡는다

"엄마, 잠깐만, 그냥 놔두면 다른차가 계속 밟고 갈리고 갈거잖아."

"그치, 계속 갈리겠지."

아들 표정이 침통해진다

이대로 아들의 간청을 무시하고 가면 집에가서 아들얼굴을 똑바로 볼 수 없을것 같아서 핸들을 잡은 손에 갑자기 힘이 풀리고 속도가 느려진다

아들을 걱정스레 바라보면서 물었다

"근데 너 짐승 죽은것만 봐도 무서워하잖아? 나도 못해. 난 무서워서 쳐다보지도 못해. 날더러 어떡하라고~. 난 저거 치우고나면 일주일은 밥도 못먹을거야."

아들이 흔들리는 내 마음을 눈치챘는지 치고 들어온다

"제가 치울께요, 네? 제발…… 너무 불쌍해요."

그렇게 실랑이를 벌이고 오다보니 2~3 키로는 족히 온듯 하다

어휴를 속으로 연발하면서도 아들을 심약한 놈이라고 하고싶진 않았다

'그래 넌 된놈이다…' 라는 생각이 미치자 차를 휙~ 돌려서 오던길을 달려갔다

아들이 발을동동거리면서 "엄마 고마워요."를 연발한다

운전을 하고 다니다보면, 달리는 차에 치어죽은 개나 고양이 시체가 많은 차들이 계속 밟고 지나가서 아예 오징어처럼 도로에 말라붙어 있는 모습을 볼 때도 적잖이

많았던 기억이 나서 아들의 말을 무시하기만 할 수는 없었다

아니, 어쩌면 이길이 그렇게 무수히 밟고 지나다니던 이름모를 짐승들에게 사죄를 하는 길인것 같기도 했다

다른 차가 혹시나 갈리고 가진 않았기를 빌면서 한 참을 달려 갔더니 길가운데 널부러진 검은 물체가 보인다

갓길이 없는터라 동네 입구쪽에 차를 세우고 길가 숲에서 나무가지를 잘라 가지고 아들에게 주면서 가보라고 했더니 아들이 그 나무가지를 가지고 가서 들다가 등치가 꽤 큰 짐승이라서 가지가 부러져 엉거주춤 들었던 물체를 떨어트리는것이 보인다

한숨을 쉬고 멀리서 보고만 있는데 아들이 두리번 거리며 잠시 생각하더니 언덕아래로 내려간다

하우스에서 뜯겨진 비닐봉지 같은걸 주워서 다시 올라오더니 그 짐승 시체를 감싸서 안고 떨어지려는걸 두어번 주춤거리며 조심조심 언덕 아래로 내려 갔다

상상만해두 끔찍해서 눈을 찌푸리고 보고있는데 젖은 풀 같은것을 주워다가 그 위에 덮어주고는 토닥토닥 해주더니 빗길을 종종거리고 왔다

'휴~, 기특한 녀석…….'

말못할 짐승이지만 울 아들에게 고맙다고 할것 같다

난 졸아붙은 가슴을 진정시키며 말했다

"잘했어. 참 잘하네. 강아지야?"

"응, 근데 저렇게 풀로만 덮어줘도 괜찮을까? 개주인이 찾아서 묻어주겠지?"

아들은 묻어주지 못한것이 영~ 걸리는지 스스로 위안을 찾고 있는것 같았다

"응,어차피 죽었는데. 그만하면 됐어. 누군가 보면 땅에 묻겠지. 비오는날 뭐하러 나와서 돌아다니다가 변을 당하고 그런다니. 에휴……"

"……."

아들이 말이없다

"그래두 울 아들이 생명을 소중히 여기는 모습이 정말 이뿌고 감사하다. 잘했어. 주님 이렇게 착하게 자라게 지켜주셔서 정말 감사합니다"

나혼자 연거푸 말을 해두 아들은 생각이 많은지 묵묵……

차에 치어 죽은 짐승을 치우고 제대로 씻지도 닦지도 못하고 돌아오는 길이었지만 아들의 몸은 빛이 나 보이고 왠지 든든하고 훈훈했다

부쩍 커버린 아들 몸에서 사람냄새가 폴폴 난다

마음에게

반복적인 기침 때문에 깊은 잠을 못 이루고 이른 새벽에 눈을 떴다

어렴풋한 꿈속에서는 온갖 요물들에 시달리며,
나도 요물이 되어 정의가 사라진 꿈길을 헤매고 다닌 것 같다
참으로 비관스러운 잠이었다

진실과 거짓사이를 오가는 사람의 언행은
아마도 부조합된 사고에서 오는 것인듯 싶다

내 마음은,
상대의 마음을 보고, 생각하고, 딱딱해지고, 부드러워지고, 불쾌해지고, 이해하고, 사랑하고, 미워하고, 판단하고, 부러워하고, 거칠어지고, 배려하고, 반성하는 등 모든 것을 결정한다

가장 강인한 인간은 자신의 마음을 조절할 수 있는 사람이라고 탈무드에서 말했다

작은 상처에도 민감하게 반응해
굳어지고 거칠어진 마음은,
전혀 예상치 못한 언어들을 폭발하듯 내뿜고,
스스로의 언어의 화염에 쌓이게 된다

마치 산이 불기둥을 내뿜어 스스로 화산이 되듯이……

말은 얼마나 소중한 마음의 말인가
놓아버려! 놓아버려!
스스로 좋지않은 마음의 끈을 놓아 버리라고 외쳐댄다

이중성을 지닌 인간의 마음을 놓아버리라고 속삭인다
속물이 되어버린 나 자신의 마음은
이미 화산이 되어 폭발을 준비하고 있다

자꾸
이 길이 내가 갈 길이 아니지 않은가 하는

자괴감에 걸음이 터덕거린다

이젠, 미루어 왔던 일을 해야지 싶다
놀만큼 놀고,
휴가처럼 고통을 즐기며 쉬었다

스스로를 존중하는 마음으로 살기가 쉽지는 않지만,
지금까지 스스로를 감싸 안는 일,
스스로 가치있는 존재임을 깨닫고
자기 존중심을 발전시켜 나가는 일은
결국 나 자신의 몫임을 깊이 깨닮아 살지 않았던가

누구든,
자신을 향해 웃으면서 넉넉한 인생을 살 중요한 능력이 있는 것이다

다른 사람에게 내가 어떤 사람인지는
내 자신에게 내가 어떤 사람인지보다 결코 중요하지 않은 것이다

어제는 벌써 역사가 되었고,
오늘을 또 선물로 받았으니 이아니 기쁜가

오늘 나는
또 이만큼 성장하고 수많은 오늘은 미래의 나를 만들 것이다

그래서 가슴 떨리는 설레임으로 새벽을 연다

나는
늘
나 자신을 향해
진심으로
기쁘게 웃을 것이다

온유의 바다

잠이 덜 깬 의식들이
뒤엉켜있는 새벽 언저리
봇물 같은 연민과 욕망
담금질 치열하던
내밀한 힘의 원천을
끌어내 삭이고

설원에 꽃잎을 틔우는
나는 내 안의 나
태양의 파편들이
알알이 부서져 박히는
찬란한 바다
아침이면 다시 희망

지금은,
맑은 언어로 한숨짓는
어머니의 노래를
기다려야 할 때

아들의 운동화

고 1학년 아들의 새 운동화를 사러 백화점에 갔는데
이십만원이 다 되는 가격표를 보더니 엄마의 지갑이 걱정되었나 보다
맘에 드는 신발이 없다고 말하고 매장을 나오더니
"엄마, 나 객사길로 가고 싶었는데……" 한다
"진작 말하지 그랬어……"

그러곤 객사 길로 가서 메이커 할인매장에 갔다
백화점에서 본 메이커 노랑과 회색이 심플한 망사운동화를
첫눈에 반해서 골랐다
세일가격은 79,000원 10% 추가 D/C해서 71,100원
가격도 제 딴에는 괜찮다싶었나 보다

신발 끈을 끼워주는 매장 형아에게 아들이 묻는 말
"저기…… 짝퉁은 어떻게 들어와요?"
이것저것, 정품과 짝퉁에 대한 상식을 얻어듣고
정품 확인을 하고 그러고는 안심하고 신고 나왔다

가격대비 신발이 마음에 들었는지 흥얼흥얼 콧노래를 부른다

아들은 종종 엄마의 호주머니를 염려한다
아직 필요치 않다며 핸드폰도 없다

이런 아들이 대견하기도 하고 조금 염려도 된다

아이의 셈

평면위의 동그라미 두 개
방울 방울 물 방울

“엄마, 하나 더하기 하나는 몇?”
초등학교 아들이 묻는다

“음… 둘이지”
“에에~ 틀렸네요”
“그럼 십일? (막대기 두개로 생각)”
“아니네요~”
“음… 그럼 하나(물방울 두개로 생각)”
“아닌데~”
“그럼 뭘까?”

“창문,
엄마가 그것두 몰라요?
내가 해볼께 잘 보세요?”

"1+1= 이 부호를 모두 합해서 한자리에 붙이면
창문이 되지요"
"1+1= 田 = 창문"

"이제 아셨죠?"
"와~ 정말 대단하다!"

당당한 그 어린것의 얼굴에
무한한 가능성의 우주가 떠 있다

유한한 공간에서 무한을 꿈꾸는
작은 새의 날개는,
새벽 이슬방울처럼 튀어 오른다

그 싱그러움이 동그라미에서
펼쳐짐이 곧 밝음이다
나도 덩달아 신이 난다

유년의 강

새벽바람에 눈발도 같이 왔다
차를 타고 마전교를 건너는데
전주천 잔잔한 냇물위로
반짝이는 햇살이
함박눈 위로 쏟아지던
그 옛날 정오의 태양빛 같다

쉬리가 살던 유년의 자연풀장
소년소녀들 아랫도리만 걸치고
물방아 개구리헤엄 첨벙첨벙
유년과 불혹이 만나 술래잡기하는데
빨간 신호등이 돌아갈 수 없는
유년의 강에서 나를 건져 올린다

이력서

귀천을 꿈꾸는
뜨거운 목숨 줄
하나

외로움으로 다스려
초겨울 들판의
푸른 안개를 마시고

바람자취 따라
빨간 허물을 벗는
그리움 한 줄만

지금 부터라도

연초에 마음먹었던 다짐이 잘 이루어지고 있는지
얼마만큼 이루었는지
가슴에 뜨겁게 품었던 꿈들은 잘 지키고 있는지

애초의 계획을 시작도 못했다고 해서
난감해하고, 속상해 하지 않는지

그렇다면, 지금부터라도 늦지 않았습니다

"지금부터라도 시작해야지"하며
마음을 다잡으세요
그 누구도 대신 살아 줄 수 없는
단 하나뿐인 삶이잖아요?

아직 늦지 않았습니다
후회하고 좌절하고만 있기에는
시간이 그리 많지 않습니다

내가 너라면, 너였더라면
네가 나라면, 나였더라면
변명과 불평은 영혼을 상하게 할 뿐이랍니다

자연과 우주의 섭리에 순응하면서
거대한 바다가 포효하는 파도를 잠재우고
날마다 뜨거운 멍울하나 품어 태양을 일구어 내듯이

그 누구도
열정으로 살지 않으면 안됩니다
아직 늦지 않았습니다
꿈은 언제나 내가 원하는 만큼만 이루어지는 거랍니다

지금부터라도 일어나 시작해야 합니다

황혼 즈음에 나는,
이런 사랑을 하고 싶다

그저 바라보기만 해도 넉넉해지는 가슴으로
낙엽이 우수수 떨어지는 가을날에도 흔들리지 않는 사랑을,

둘이만 있으면 어떤 혹한도 두렵지 않은 가슴으로
하얀 눈이 온 세상을 뒤덮어도 더욱 훈훈해지는 사랑을,

긴 겨울 대지를 뚫고 나오는 생명이 넘치는 가슴으로
새 잎을 틔우듯 다정함으로 희망과 설레임 가득한 사랑을,

불볕더위도 아랑곳하지 않고 열정을 태우는 가슴으로
청춘의 뜨거움보다 더 진중함으로 더욱 사랑하리라

파도가 날마다 새 모래밭을 만들듯이
하루하루 그렇게 세상 태어난 첫날인냥 눈부시게 바라보며

목숨처럼 소중한 다정함이 전부인냥 살련다
고요하게 저물어 가는 황혼에 타오르는 불꽃심지 돋우며,

후견인

바다가 보이는 창 넓은 찻집에 앉아
이제는 그윽한 눈길 마주 하고 싶다

고즈넉한 찻집 차분한 주인이 되어
창밖 정원 맘껏 자태를 뽐내는 꽃과 나무들
꽃을 피워 올리던 햇살과 바람도 함께

어지러운 세상 가끔은 흔들렸던 사연이며
절망의 순간에 오히려 솟구친 부드러운 힘
굴곡이 심한 생애이기에 감사한 순간들과

수없이 삼키던 속울음이 몇 번쯤
거칠게 터져 나올 때만 그리움이 없었다는,
악성종양이 내안에 숨어들어 왔어도

임무가 끝났는가 싶어 위안했던 큰 숨마저,
다 지나가버릴 이 계절 어디쯤에서
견디어 온 세월 위로받고 싶다고

화암 이진희 시집

쪽비산 홍매화

인쇄 | 2012년 12월 24일
발행 | 2012년 12월 27일

지은이 | 이진희
펴낸이 | 김서종
펴낸곳 | 도서출판 Book Manager 전주시 완산구 중화산동 2가 736-5
출판등록 | 전주시 제 95-3호
전 화 | 063-226-4321
팩 스 | 063-226-4330
전자우편 | gongiksa@hanmail.net

값 10,000원

ISBN 978-89-6036-140-9 03810

※이 책자는 전라북도문예진흥기금을 받았습니다.